Imke Johannson

Kreativ Lust

Liebevolle Dekoideen
aus unterschiedlichen Materialien

Lifestyle
BUSSE SEEWALD

Imke Johannson

Kreativ Lust

Liebevolle Dekoideen aus unterschiedlichen Materialien

Lifestyle
BUSSE SEEWALD

*Dieses Buch widme ich allen,
die erlebt haben, wie Kreativität
einen kleinen Lichtblick in ihre
Trauerphase brachte und all denen,
die sich noch in einem solchen
Prozess befinden.*

Konzept, Styling, Texte und Fotos:
Imke Johannson
Design und Fotos:
spoon design, Olaf Johannson, Langgöns
Druck und Verarbeitung:
Mohnmedia Mohndruck GmbH, Gütersloh
Printed in Germany
ISBN 978-3-512-03318-6

Inhalt

Vorwort

Geht es Ihnen auch manchmal so, dass Sie ein bestimmtes Material sehen und sich vorstellen können, dass damit bestimmt etwas Schönes anzufangen wäre, Ihnen aber spontan nicht viel dazu einfällt? Meistens landen solche Dinge in irgendwelchen Schubladen oder man verzichtet ganz und gar auf die Anschaffung. Ich habe einige Kommoden voll mit verschiedenen Bastelutensilien. Da hat sich im Laufe der Zeit einiges angesammelt. Und ich genieße die Herausforderung, diese unscheinbaren Kleinigkeiten so einzusetzen, dass Sie effektvoll zur Geltung kommen. Sei es in Form von nützlichen Gegenständen oder aber einfach nur in schön anzusehenden Dekoobjekten. Diese Lust am Kreativsein hat wohl auch der Chefredakteur von „Lisa Wohnen und Dekorieren" in mir gesehen und mich so mit einer Kolumne in seiner Zeitschrift beauftragt. Vieles, was daraus entstanden ist, können Sie in diesem Buch aus neuen Blickwinkeln wieder entdecken. Auch einige Bilder meiner Kreativseite in der Frauenzeitschrift „Lydia" werden in dem einen oder anderen Kapitel zu sehen sein. Und selbstverständlich habe ich zu den schon bekannten Projekten zahlreiche neue Ideen hinzugefügt. Mein Mann hat mal wieder alles in ein wundervolles Layout gepackt, und somit ist dieses Werk entstanden.

Ich wünsche Ihnen viel Freude damit!

Ute Johannson

Es gibt so viele schöne Servietten, dass sie für den einmaligen Gebrauch viel zu schade sind. Deshalb habe ich mir eine Technik überlegt, wie man ihnen einen seidigen Glanz verleiht und sie dauerhaft einsetzen kann. So kann man Windlichthussen, Einbände, Lichterketten und vieles mehr basteln.
Mit kleinen Filzblüten kombiniert ergibt sich eine frühlingsfrische Tischdekoration.

Servietten-Organza-Technik

Die auf Vlisofix gebügelte Serviette kann mit Alleskleber zusammengeklebt und über ein Windlicht gestülpt werden.

Jede Form kann aus dem Material ausgeschnitten, an den Rändern festgeklebt und über ein Lämpchen einer Lichterkette gesteckt werden. In diesem Beispiel habe ich die so entstandenen Blätter (s. Vorlagen ab S. 140) mit Filzblüten kombiniert, die man einfach über das Lämpchen stülpt. Die Papierservietten werden passend zurechtgeschnitten. Die oberste Schicht der Serviette wird mit der bedruckten Seite vorsichtig gegen

Vlisofix (doppelseitig klebendes Vlies) gebügelt. Dabei das Bügeleisen nicht zu heiß einstellen. Das Trägerpapier wird dann gelöst und die beschichtete Seite auf Organzastoff gebügelt. Mit der Kante des Bügeleisens lassen sich Krauselungen ausstreichen. Damit beide Seiten gut zusammenhaften, sollte man von beiden Seiten bügeln. Kombiniert man zwei Servietten, bügelt man sie Stoß an Stoß auf das Vlisofix.

Damit der obere Rand nicht wellt, kann man ihn mit dekorativen Bändern oder Spitze bekleben oder man schlägt den Rand einen halben Zentimeter ein und bügelt ihn fest.

Für diese Lichterkette wird jeweils ein langes Rechteck zu einem Zylinder zusammen geklebt und mit Draht an der Lichterkette befestigt.

Genauso wie mit Papier lassen sich mit den auf Organza gebügelten Servietten Bücher einbinden, die mit ihrem seidigen Schimmer gern gesehene Geschenke sind.

Das Papierschöpfen verlangt viel handwerkliches Geschick. Was man aus den Bögen so alles herstellen kann, sehen Sie auf den folgenden Seiten.

Für die Schalen wird das Papier in kleine Stücke zerrissen und mit Kleister um eine mit Folie bespannte Schüssel geklebt (siehe S. 19). In der Mikrowelle kann man sie auf den Kopf gestellt in ca. 2 min trocknen. Danach werden sie mit Serviettentechnik verziert.

Um den Lampenschirm herzustellen, faltet man einen Bogen ziehharmonikaartig ca. alle 1,5 cm und klebt die beiden Enden zum Zylinder zusammen. Durch die Falten gewinnt er an Stabilität und man muss lediglich das obere und untere Ende an einem Lampenschirmring festnähen. Dabei sollte der obere mit einer Aufsatzeinrichtung für die Lampenfassung versehen sein. Für die Rüsche rafft man einen Streifen Seidenpapier, fädelt ihn am Rand auf und näht ihn zusammengezogen an dem Lampenschirm fest. Die im Naturpapier eingearbeiteten Blätter kommen hier gut zur Geltung.

Naturpapier

Bei den mit Liebe gemachten Karten geht dem Adressaten das Herz auf. In die Blanko-Karte wird ein Herz gecuttert. Dann kommt das Naturpapier zum Eisatz. Vorsichtig reißt man ein etwas größeres Herz aus einem kleinen Rechteck und klebt es auf die Karte.

Tipp: Die geraden Ränder falten und über eine Linealkante reißen, dann sehen die Ränder wie die des geschöpften Papiers aus.

Zum Schluss eine Kordel mit Schleife um das Herz kleben.

Die Briefmappe wird aus zwei Kartonplatten, die mit Gewebeband miteinander verbunden wurden, gefertigt und mit Naturpapier von innen beklebt. Von außen ebenfalls, jedoch lässt man hier die Ränder jeweils 6 cm überstehen. Daraus werden die Laschen geschnitten, ie nach innen eingeklappt werden, um den Inhalt nicht zu verlieren. In die

Pappe werden vorne und hinten Schlitze eingeschnitten, durch die man das Satinband einsteckt und festklebt.

Für die leuchtenden Säulen klebt man das Naturpapier auf selbstklebende Lampenschirmfolie und rollt sie zum Zylinder. Damit dieser eine schöne Form bekommt, klebt man die Enden überlappend zusammen: Von innen mit Klebeband, von außen mit Klebstoff. Drumherum kommt ein Kranz aus Dschungelgras, das mit Nylonfaden um einen Styroporring gewickelt wird, und bemoosten Ästen, die mit Heißkleber aufgesetzt werden.

Statt Gardinen aufzuhängen, kann man sich einen Mini-Paravent auf die Fensterbank stellen. Das hat den Vorteil, dass man vor unliebsamen Blicken geschützt ist, aber für den Kopf ein freies Sichtfeld behält. Drei Bilderrahmen werden mit Scharnieren zusammengeschraubt und von der Rückseite mit Naturpapier bespannt. Die eingearbeiteten Blätterherzen kommen vor dem Fenster besonders gut zur Geltung.

Die kreisförmige Platte wird obenauf gelegt. Wenn man die Teile verleimt, erhält das Tischchen mehr Stabilität. Wünschen Sie hingegen Flexibilität, verzichten Sie darauf. So haben Sie die Möglichkeit, es platzsparend unterzubringen.
Dann können Sie gleich mehrere Modelle, vielleicht in unterschiedlichen Farben, herstellen....

Wenn ich in einer Papeterie vor den Regalen mit den Siegeln und Lacken stehe, würde ich mir am liebsten alle kaufen. Die verschiedenen Farben und die Formen, es sieht alles so schön aus. Doch wenn man dann zu Hause nur zwei oder drei Stangen hat, vergisst man schnell, sie für den nächsten Brief zu verwenden. Grund genug, sich auch andere Nutzungsmöglichkeiten auszudenken!

Siegellack in Babyfarben kann man nicht überall kaufen, aber aus Weiß, Rot und Pink ganz schnell selber mischen (siehe nächste Seiten). Am besten erstellt man die Siegel zunächst auf einer Glasunterlage, um sie dann auf den Bilderrahmen gut platziert festkleben zu können. Die Kordel wird direkt in den Ecken des Rahmens mit Siegellack befestigt und oben zu einer krönenden Schleife gebunden.

Für die Girlande schneidet man Buchstaben aus Geschenkpapier. Dieses lässt sich verstärken, in dem man es mit Sprühkleber auf Tonpapier klebt. Anschließend werden sie mit Siegeln an eine Kordel geklebt.

Siegellack

Wir freuen uns über
die Geburt unserer Tochter Marie
9. September

Um die Farben zu mischen, werden kleine Stücke der Lackstangen abgetragen. Dazu legt man sie in eine feste Tüte und klopft mit dem Hammer auf die Stangen. In einem Löffel werden Stücke verschiedener Farben über einer Kerze geschmolzen und mit einem Schaschlikspieß verrührt. Zum Weiterverarbeiten hat die Masse die richtige Temperatur, wenn sie flüssig ist, aber noch nicht zu stark kocht, sonst ist sie entweder zu zäh oder verläuft zu schnell.
Den Stempel, auch Petschaft genannt, kann man durch Metallknöpfe oder auf Korken geklebte Münzen ersetzen. Am besten lösen sie sich vom Lack, wenn sie kalt oder angefeuchtet sind.

Die Feder wird genauso wie das Poesiealbenbildchen auf dem Herz (s. linke Seite) vorher mit Klebstoff befestigt.

Um einen Drahtring bindet man dachziegelartig Buchszweige. Die Siegel werden auf einer Glasunterlage gefertigt und nach dem Abkühlen auf das Kränzchen geklebt.

Ein selbstgefaltetes Tütchen bekommt aus Kordel und Siegeln dekorative Tragegriffe. So bekommt eine unschöne Vase im Nu ein neues Kleid.

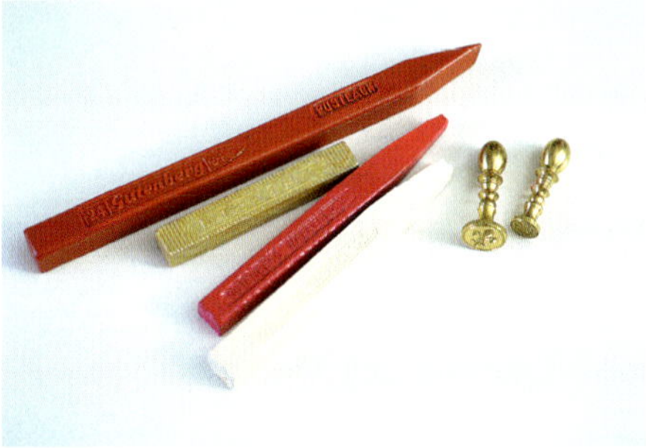

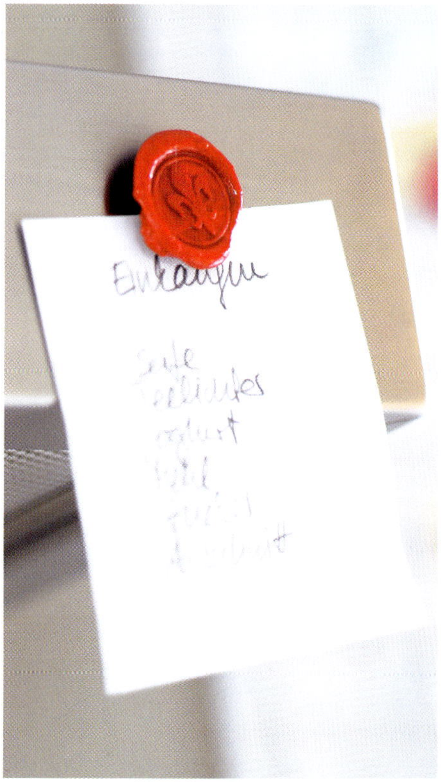

Die Girlanden machen sich im Fenster genauso gut wie auch als Raumteiler. Um die Blütenform zu erstellen, formt man aus Bastband eine Schleife, deren Enden bogenförmig in den Mittelpunkt gelegt werden. Diese fixiert man zunächst mit dem Siegel auf einer Glasplatte. Daran bleibt der Lack nicht kleben. Von der Rückseite werden sie mit Siegellack und Stempel an Nylonfäden befestigt. Dann sehen die Blüten von beiden Seiten schön aus.

Die vorgefertigten Siegel werden auf Einsteckklammern, die es im Bürobedarf zu kaufen gibt, mit einem Wochenschildchen angeklebt. Genauso lassen sich Magnete für die Pinnwand (oder die Dunstabzugshaube) verschönern. Für diese Zwecke eignen sich besser die Siegel aus Wachs. Sie glänzen zwar nicht so schön, aber sind dafür flexibler als Lack und brechen daher nicht so schnell.

Geschenkverpackungen lassen sich mit Siegellack aufwerten. Dabei ist man nicht auf einen bestimmten Stil festgelegt, sondern kann immer wieder neue Kompositionen kreieren.

Steine

Gerade Kinder haben großen Spaß an Steinen. Für sie hat oft jeder Stein etwas ganz Besonderes und so wird die Sammlung immer weiter ausgeweitet...

An folgenden Ideen werden die Kleinen bestimmt Freude haben. Mit etwas Papier, Schere und Farbe lassen sich wundervolle Blumen zaubern. Sie blühen das ganze Jahr, man muss sie nicht gießen. Außerdem sind sie sind eine tolle Geschenkidee. Die sauberen Steine werden mit Acrylfarbe angemalt. Während der Trocknungszeit schneidet man die Blütenblätter (s. Vorlagen ab S. 140) aus, an denen man eine Lasche zum Ankleben stehen lässt. Damit das Blatt nicht knickt, wird die Lasche eingeschnitten, bevor man diese faltet und anklebt. Wenn man die Blätter laminiert, kann man mit den Blüten auch den Garten auffrischen.

Schnell gemacht und sehr lehrreich ist eine Sonnenuhr, die mit Steinen schnell aufgebaut ist. Suchen Sie einen sonnigen Platz und legen Sie bei jeder vollen Stunde einen bezifferten Stein unter den Schatten des Rundholzes.

Mit Metallfolie wurde ein Monopoli- Haus vergoldet (Technik siehe Seite 58) und auf einen Stein geklebt. Dieser Brief- oder Serviettenbeschwerer erinnert mich an ein Lied meiner Kinder: “Bau nicht dein Haus auf den losen Sand. Bau nicht zu nah am Strand. Sieht es vielleicht auch ganz schick aus, musst du doch bald wieder raus, denn dein Haus hält nie und nimmer stand. Doch besser bau dein Haus auf einen Fels, leg dein Fundament auf einen festen Grund, wenn dann Stürme kommen und gehen, bleibt dein Haus doch felsenfest stehen.”

Statt eines Fotos wird die Fotobox von einem Kieselbett geziert, welches mit Klebstoff aufgeklebt wird.

An dem Blumentopf reihen sich kleine Steine am oberen Rand aneinander. Sie werden mit Heißkleber befestigt.

Steine zu durchbohren ist mir nicht gelungen, aber man kann sich eine flexible Gussform erstellen und dann Gipssteine gießen, die täuschend echt aussehen. Diese lassen sich ganz leicht durchbohren und mit einer Ahle oder einem Nagel gravieren.

Zarte Bande verschönern uns den Alltag. Man muss sie nur richtig einsetzen, und schon bald kann man auf sie nicht mehr verzichten. Rund um den Schreibtisch machen Seidenbänder alles zueinander passend.
Das kleine unbehandelte Schubladenelement wird als erstes mit kleinen Papierrechtecken beklebt, dann bohrt man zwei Löcher für den Seidenband-Griff und verknotet ihn im Inneren der Schublade. Für die Ränder schneidet man je vier Bänder auf Gehrung und klebt sie auf.

Der Klebebandabroller fügt sich passend ein – mit seitlich aufgeklebten Papieren und einem breiteren Band, welches mittig rundum aufgeklebt wird.

In denselben Farben klebt man eine Papier-Manschette um den Stiftehalter. Der obere Rand wird von einem Band eingefasst.

Seidenbänder

Die gleiche Technik wie auf der vorherigen Seite zeigt sich hier in einem anderen Stil. Je nach eigener Vorliebe sucht man sich entsprechende Papiere und Bänder aus.

Für die Fotowand beklebt man Holzplatten (ca. 16 mm stark) mit schönem Papier, spannt die Bänder darüber und nagelt sie an den Schnittstellen mit Ziernägeln fest. Auf der Rückseite werden sie mit flachen Nägeln befestigt, damit man die Platten an einem eingebohrten Loch gut aufhängen kann. Die seitlichen Ränder fasst man nun mit etwas breiterem Band ein.

Am oberen Ende eines Stiftes werden zwei Bänder mit Alleskleber fixiert und dann schräg nach unten und leicht überlappend gewickelt. Unten werden sie wieder festgeklebt. Die Klebestellen überdeckt man mit einem kleinen Stück Seidenband.

An dem kleinen Täschchen sind Seidenbänder aufgenäht, die mit Perlen und Röschen verziert sind. Hat man den Dreh raus, wie die Rosen gefertigt werden, geht es ganz einfach. (Tipp: Geben Sie noch nicht beim ersten Mal auf!) Bestreichen Sie ein ca. 10 cm langes Band mit Alleskleber und lassen Sie diesen kurz antrocknen. Rollen Sie eine Seite ein kleines Stück eng auf und klappen dann das Band im 45° Winkel um, so dass es sich um die Rolle legt. So wickeln und klappen Sie nach und nach das restliche Band um den Mittelpunkt bis eine süße Rose entsteht, die Sie mit einigen Handstichen fixieren und aufnähen können.

Viele kleine Knötchen schmücken die Bettwäsche in zarten Farben. So werden Omas Bettbezüge aufgefrischt. Bevor man mit dem Knoten beginnt, sollte man die Bänder auf ihre Waschtauglichkeit überprüfen. Hochwertige Materialien sind farbecht und fransen nicht aus.

Für einen Knoten benötigt man ca. 7 cm lange Streifen, die mit einer Nadel durch den Stoff gezogen werden. Stechen Sie möglichst eng durch das Gewebe, damit sich dieses nicht zusammenzieht. Dann knoten Sie das Band zweimal an der Oberfläche.

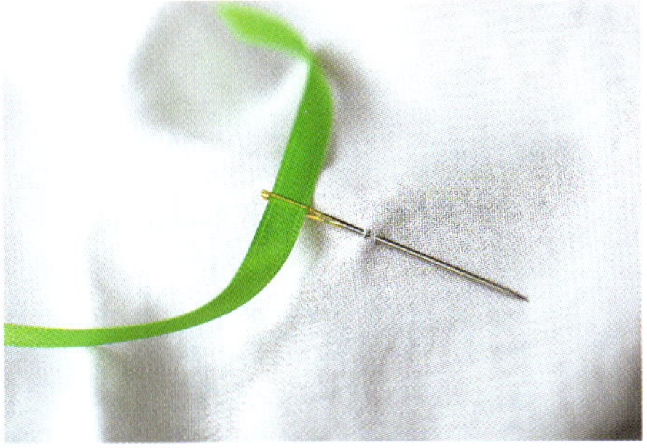

Von silbernen Ecken wird hier eine Magnetwand eingerahmt. Für diese streicht man die gewünschte Fläche zwei- bis dreimal mit magnetischer Wandfarbe. Nach dem Trocknen kann die Wand gestrichen werden. Je nachdem wie das Licht einfällt, erkennt man die Ecken des verborgenen Rechtecks und kann dort die Schablone (s. Vorlagen ab S. 140) mit löslichem Sprühkleber fixieren. Mit der Anlegemilch malt man sie aus. Nachdem die Milch getrocknet ist, kann man mit einem weichen Tuch das Blattmetall anstreichen. Überstehende Ränder löst man vorsichtig mit einem Bürstchen.

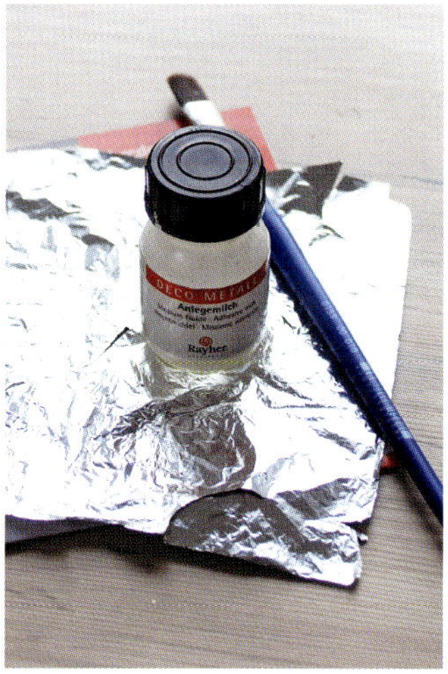

Für die Tafel besorgt man sich beim Dachdecker ein Stück Schiefer. Mit einer Beißzange kann man die Form korrigieren. Die Löcher werden mit Steinbohrern eingearbeitet. Ansonsten wird Bambi (s. Vorlagen ab S. 140) genauso wie zuvor beschrieben angebracht.

Das Metall lässt sich auf glatten Untergründen, wie den Blumentöpfen besonders gut auftragen.
Bei den Windmühlen kann man die Anlegemilch großflächig auf Lampenfolie übertragen und bei dem kleinen Ornament am Gästehandtuchhalter benutzt man einen feinen Pinsel.

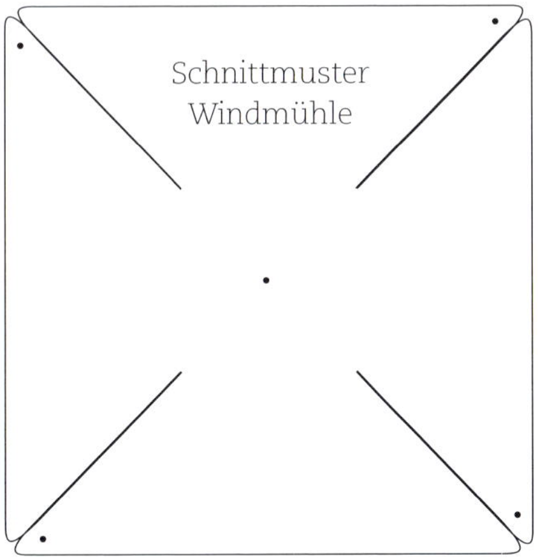

Jedes Jahr aufs Neue betören die Rosen mit ihren zarten und zugleich prächtigen Blüten oder durch ihren lieblichen Duft. Die etwas aufwendigere Pflege eines Rosenbusches wird einem in den Monaten gelohnt, in denen nur wenige Büsche blühen. Dann zeigen sie ihre ganze Pracht wie zum Beispiel der Raubritter im Hintergrund des Tisches.

Sommerliche Frische entsteht durch die Kombination von Rosa und Grün. So habe ich unreifen Weizen zu einem Serviettenring zusammengeklebt. Dafür kappt man das obere Ende einer Ähre ab und klebt dort eine weitere hinein. So kann man ganze Ketten erstellen. Zwischen die Servietten und den Ring steckte ich einen kleinen Zweig der Fairy-Rose, von denen ich mehrere Stöcke im Garten habe.

Rosen

Auch im getrockneten Zustand wirken die kleinen Rosen bezaubernd. Dazu habe ich Moosröschen an einem trockenen Ort in einer Vase ohne Wasser 1-2 Wochen stehen lassen. Um sie um die Ähren zu schlingen, bindet man sie auf Draht.
Die Weizengirlanden werden wie vorne beschrieben erstellt und über den Tisch drapiert oder um ein Teelicht gebunden (Achtung: Filzplättchen darunter kleben, damit keine Verbrennungen an der Tischdecke entstehen.)

Eine herzliche Einladung sprechen Sie mit den herzförmigen Blättern der Rose aus. Man presst sie einige Tage, damit sie die Form behalten. Die Schrift habe ich mit einer Embossing-Schablone eingeprägt.

Zum Geburtstag oder Hochzeitstag macht dieses Gesteck Freude. Die Blüten sind aus meinem Garten: Fairy-Rosen, Scharfgabe, Frauenmantel und einige Hortensien. Man steckt sie in gewässertes Steckmoos, das in dem Korbherz liegt. Darin finden auch die Kerzen halt.

Zwischen dem Schleierkraut sitzen einzelne Rosen und umrahmen eine Kerze. Auf das kleine Tellerchen legt man eine runde Scheibe gewässertes Steckmoos, stellt die Kerze darauf und besteckt den Rand mit Schleierkraut. Zum Schluss werden die Blüten der Rose (hier New Dawn) eingesteckt.

Aus ca. 25 m Draht (Durchmesser 1mm) können Sie sich eine individuelle Schale designen. Der Draht wird zunächst in ca. 60 cm lange Stücke geteilt, die wie auf dem Foto gezeigt kreuz und quer gebogen werden. Jedes weitere Drahtstück wird mit dem bereits verarbeiteten verwoben. So arbeitet man sich vom Boden der Schale langsam nach oben.

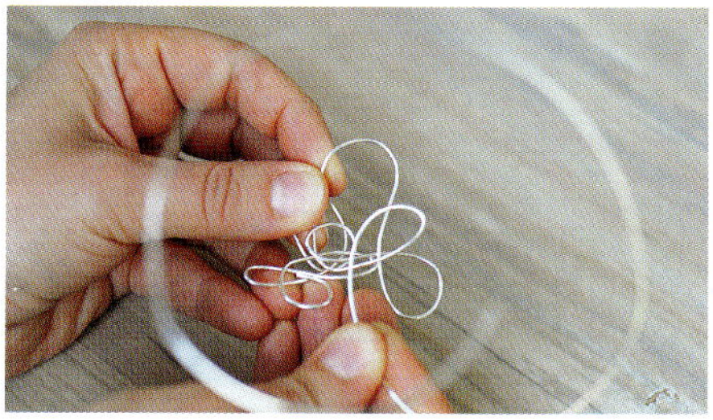

Wenn man den Draht auf der Rolle sieht, glänzt er vielleicht ganz nett, sieht aber eher wie Werkzeug aus. Doch wenn man ihn mit etwas Fingerspitzengefühl verarbeitet, entstehen filigrane Schmuckstücke. Marmeladengläser lassen sich damit sogar aufwerten. Dafür wickeln Sie den Draht mehrfach um den oberen Rand oder formen ihn mithilfe einer Kombizange zu einer Blättergirlande. Die Perlen werden nachträglich aufgeklebt oder auf dünnen Draht gezogen und über das Gewinde gewickelt.

Draht

Bis auf die Blume und den Aufhänger ist dieses zarte Willkommensschild aus einem ca. 3,5 m langen Drahtstück. Mit einer Rundzange biegt man vorsichtig die Schrift, umkreist diese einmal und wickelt dann den restlichen Draht um ein Stäbchen oder einen Stift. So entsteht eine Spirale, die man etwas auseinander zieht und um den oval gebogenen Draht aufzieht. Dort drückt man ihn flach. Die Blüte wird von der Mitte beginnend geformt und aufgesteckt.

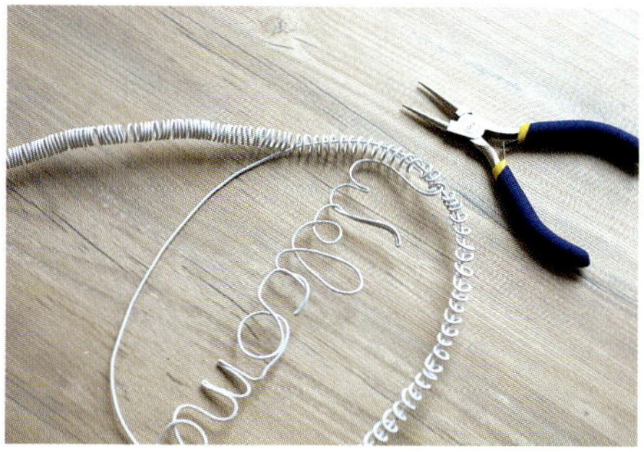

Für den Kerzenhalter braucht man 18 ca. 50 cm lange Drahtstücke (ø 2 mm), an deren Ende man jeweils eine Spirale mithilfe einer Rundzange formt. In einen weiß lackierten Küchenpapierhalter aus Holz werden, wie auf dem Foto gezeigt, 18 kleine Löcher schräg in das untere Ende gebohrt. Dann zieht man die Drahtstücke durch die Löcher, knickt jedes auf die gleiche Weise und bindet die Knickstellen mit Draht am Halter fest. Zum Schluss werden die oberen Spiralen geformt und ein Kerzenhalter eingebohrt und festgeleimt.

Liebevoll wird das schnell gebogene Drahtherz mit einem Olivenzweig, einer Perle und einer Schleife verziert.

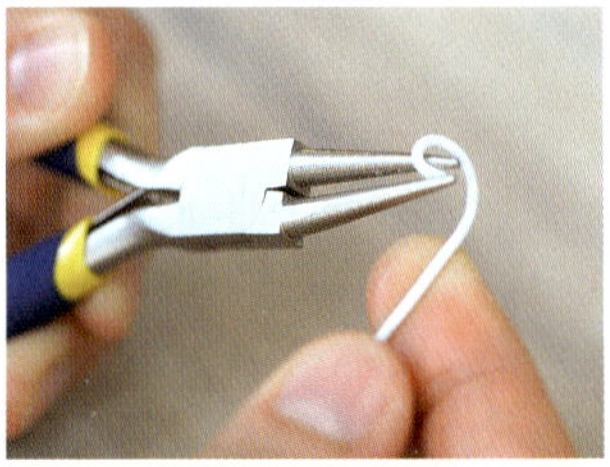

Vor Tisch und Tafel macht der Draht nicht Halt. Er ziert die Servietten auf unterschiedlichste Weise: Ein Drahtkringel (siehe vorherige Seite) heftet einen Glaskristall mit Olivenzweig an. Auf Draht gezogene Sternchennudeln halten das Tuch in Form. Und in gehäkelter Ausführung entsteht wiederum eine andere Wirkung. Hierfür zieht man Glasperlen auf einen 0,3 mm starken Golddraht und häkelt einen 8 Maschen breiten Streifen. Ab und zu wird eine Perle eingearbeitet. Das gehäkelte Stück wird an den

Enden mit einem kleinen Drahtstück verbunden. Windlichter, Gläser oder Karaffen sehen mit gehäkelten Drahtmanschetten auch sehr apart aus.

Bei der Schnecke habe ich zwei Teile erstellt, die später mit etwas Draht zusammengefügt werden. Der Draht wird verwebend um das Zeitungspapier gewickelt, das auf einer feuerfesten Unterlage angezündet wird.
So wird das Untergestell weggezaubert...

Schnecken aus Draht formen wird ein Kinderspiel, wenn man den Draht um einen Untergrund wickelt, der sich auflösen kann. So knäuelt man Zeitungspapier in eine gewünschte Form.

Normalerweise landen Konservendosen schnell im Mülleimer, doch wenn man diese Beispiele sieht, bekommt man Lust auf Mahlzeiten aus der Dose …

Die mattweiß lackierten Würstchendosen werden mit einer Ahle kunstvoll verlocht. Im unteren Bereich, wo das Teelicht sitzt, sammeln sich die Lichtpunkte und verlieren sich langsam nach oben.

An einer Gewindestange, die oben mit einem Ringaufsatz aufgehängt werden kann, lassen sich mit Muttern und Unterlegscheiben Konservendosen befestigen. Lauter praktische Helfer finden darin Platz und sind schnell zur Hand. Damit das Ganze auch optisch ansehnlich ist, werden das Doseninnere wie die Stange lackiert und die Dosen von außen mit schönem Papier bezogen. Der etwas überstehende obere Rand wird von einem Seidenband verkleidet.

Konservendosen

Im Nu werden aus den Blechstücken tafelfeine Vasen. Das hochwertige Papier wird um die Dose geklebt und die Ränder mit einer passenden Kordel verdeckt.

Die Wandschatulle erinnert an Omas Zeiten. Mit einer Blechschere halbiert man eine Konservendose und nagelt sie mit ganz kleinen Nägeln an ein zurechtgeschnittenes Stück Holz. Dieses wird lackiert und mit Loch versehen. Dann wird die Konservendose mit Geschenkpapier und Schmuckbändern schick gemacht.

Ein maritimer Kerzenhalter entsteht, wenn man eine Fischdose lackiert, mit Tupfen bemalt und Muscheln aufklebt. Die Kerze wird mit Klebepads befestigt und vom Sand gestützt.

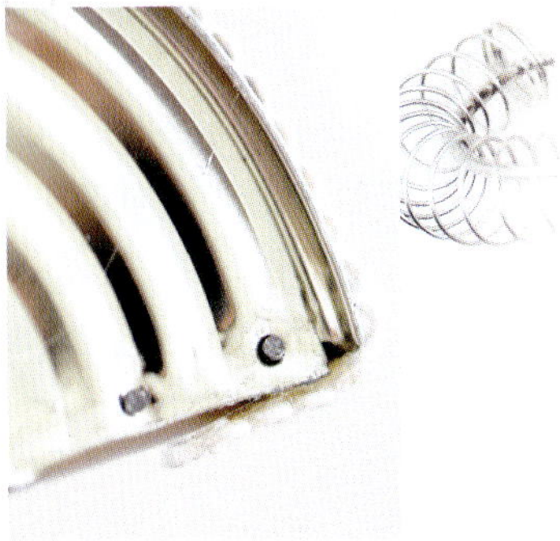

Der Kordelspender ist wirklich sehr praktisch und leicht in der Herstellung. Dose silberfarben lackieren und mit einer Ahle ein Loch in den Boden stechen. Den Plastikdeckel bekommt man z. B. bei Katzenfutter- oder Erdnussdosen. (Die Vorlage für die Aufschrift finden Sie ab Seite 140)

Wenn sich kleine Prinzessinnen schön machen wollen, ist es gut, wenn sie dazu alles Nötige griffbereit in Spiegelnähe aufbewahren können. Die mit Stoff und Schmuckband verzierten Metalldosen werden dazu am Spiegelrahmen festgeschraubt. Dieser wurde weiß lackiert und mit dem gleichen Band beklebt.

Wenn der Platz an den Wänden nicht mehr ausreicht, um die herrlichen Bilderrahmen anzubringen, ist es höchste Zeit, diese in anderen Nutzungsformen in Szene zu setzen. Zum Beispiel als Tablett, das man individuell mit Fotos, Geschenkpapieren oder Stoffen unter der Glasscheibe gestalten kann. Es wird von der

Rückseite mit einer MDF-Platte (ca. 0,4 cm) zur Verstärkung verschraubt. An den Seiten werden Löcher für die Tragegriffe gebohrt. Diese befestigt man von unten mit Gewindeschrauben.

Oder halbieren sie einen verzierten Holzrahmen, schrauben oder kleben Sie die beiden Hälften mit etwas Abstand auf eine Holzplatte und lackieren alles: Schon fertig, der aparte Serviettenständer.

Für das Windlicht braucht man vier Rahmen gleicher Größe, die mit Stoff oder Transparentpapier bespannt werden. An den Seiten wird es mit Holzleim verbunden. So kann man sehr effektvoll farbliche Akzente setzen.

Bilderrahmen

Der gewöhnliche Lichtschalter erhält einen fürstlichen Charme durch den kleinen Bilderrahmen, der extra für diesen Zweck angefertigt wurde. Er wird statt des ursprünglichen Rahmens an der Wand mit Klebstoff befestigt.

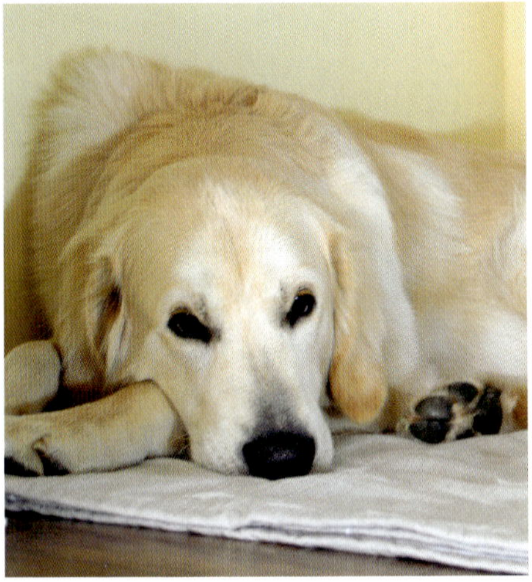

Mit dem eingerahmten Sichtschutz wird die Treppenecke ganz unbeschwert veredelt. Der Bilderrahmen wird in Fenstergröße passend zurechtgeschnitten. Fertigt man ihn selber an, schneidet man die Leisten auf Gärung und leimt immer nur eine Ecke zur gleichen Zeit fest. Mit festgeschraubten Metallplatten kann man die Naht von der Rückseite verstärken. Den Stoff befestigt man am besten mit Klettband, damit man ihn zum Waschen abnehmen kann. Vor einem häufig zu öffnenden Fenster, montiert man den Rahmen mit Scharnieren an der Wand, so das er seitlich auklappbar ist. Ansonsten kann man ihn auch mit Nägeln über dem Fenster aufhängen.

Kleinste Bilderrahmen eignen sich auch wunderbar, um sie auf einem Karton als antik wirkendes Beschriftungsfeld anzubringen.
Aber auch in kopierter Form kann man sie für eine schnell erstellte Tischdekoration verwenden. So wird die Kopie für das Namensschildchen ausgeschnitten und in der Mitte gefaltet.

In die eingerahmte Fläche klebt man ein weißes Papier, das mit dem Namen beschriftet wird. Die Schleife der Serviette wird mit dem verkleinerten und ausgeschnittenen Rahmen wirkungsvoll in den Mittelpunkt gestellt.

Ein einzelnes Perlmuttplättchen wird am Briefkopf neben dem Adressfeld zu Ihrem Markenzeichen und besticht in seiner Einfachheit genauso auf Menü- und Einladungskarten, sowie Namensschildchen.

Majestätisch wird den Vögeln die Futterstelle veredelt. Den Rohling kann man in Bau- oder Gartenmärkten kaufen.

Mit Acrylfarbe wird es zunächst gestrichen und dann klebt man mit wasserfestem Klebstoff die Mosaiksteine auf. Nach dem Trocknen werden die Zwischenräume mit Fugenmasse verfugt. Solange diese noch feucht ist, wischt man Überschüssiges mit einem feuchten Schwamm ab. Wenn alles gehärtet ist, poliert man die Steinchen mit einem weichen Tuch.

Ein aus Spanplatte gesägtes Herz wird mit Perlmuttsteinen ein Blickfang in jedem Blumentopf. Wie bei dem Vogelhäuschen beschrieben wird es beklebt und verfugt. Dafür kappt man die Perlmuttstücke vor dem Aufkleben mit einem Seitenschneider in die benötigte Form.

Die Perlmuttrahmen um ein Etikettfeld heben sich auf dem Packpapier besonders gut ab und überzeugen durch ihre natürliche Wirkung.

Die Perlmuttblüten begrüßen Ihre Gäste schon beim Aperitif, wenn man sie an Schälchen klebt und darin Nüsschen als Amuse gueule anbietet. Mittelpunkt der Tischdekoration kann dieser Kranz bilden. Die Steine werden mit lösungsmittelfreiem Kleber auf einen Styroporring geklebt und mit Fugenmasse nach dem Trocknen verspachtelt. Überschüssiges wird mit einem feuchten Tuch abgewischt und nach dem Trocknen noch einmal mit einem weichen Tuch poliert. Nun platziert man drei farblich passende Teelichter, die mit Efeuranken und Bändern umkreist werden.

Die Eierbecher werden aus abgeschnittenen Papprollen wie nebenan beschrieben gefertigt und können auch als Serviettenringe verwendet werden.

Ein besonderes Gastgeschenk ist der Anfangsbuchstabe des Geladenen in Perlmuttmosaik-Optik. Man schneidet die Form aus 15 mm breiter MDF-Platte aus und beklebt sie mit 15 x15 mm großen Plättchen. Zum Verfugen verfahren Sie wie auf der vorigen Seite beschrieben.

Für den Ring schneiden Sie eine Papprolle zurecht oder verwenden Sie einen Holzrohling. Rundum wird er mit Perlmutt beklebt und mit Fugenmasse verfugt. Für die Blüte werden fünf kleine Quadrate fächerartig in einen Klecks Heißkleber gesteckt. In deren Mitte wird ein weiterer Tropfen Heißkleber eingespritzt und verschiedene Perlen hinein gedrückt.

Genießen Sie das wunderbare Schauspiel, wenn sich im Herbst die Blätter ganz unterschiedlich einfärben. Rote und orange Beeren ziehen die Blicke an den immer kahler werdenden Ästen auf sich. Jetzt ist es Zeit, es sich drinnen gemütlich zu machen. Bei einem Spaziergang finden Sie alles, um die Herbststimmung in Ihr Wohnzimmer zu bringen. Mit diesen 5-Minuten -Ideen ist das schnell geschehen. Die Weinranken werden in kleinen gewässerten Stücken Steckmoos fixiert und in einer dekorativen Schale um eine Kerze drapiert. Dazwischen setzen Hagebutten leuchtende Akzente.

Ein paar reich bestückte Hagebuttenäste zieren den Astkranz an der Haustür. Sie werden einfach über das Band gesteckt.

In einer Schale mit Wasser lassen sich Ebereschen-Beeren mit Schwimmkerzen zu einem gemütlichen Stilleben arrangieren.

Herbst-Früchte

Geschenkpapier oder dem Servietten-Organza-Stoff zu einer Tüte und kleben Sie diese am Rand zusammen. Mit der Heißklebepistole fixieren Sie obenauf eine Schleife und einen Hagebuttenzweig. Schon haben Sie wundervolle Serviettentaschen für Ihre Tischdekoration.

Für die Tischdekoration habe ich die bei einem Spaziergang gesammelten Schätze in mit Steckmoos gefüllten Joghurtbechern drapiert. Mittelpunkt bildet die Kastanie, um sie stecken Bucheckern, Eicheln, bunte Beeren und Lampionfrüchte. Die Ummantelung für das Plastikgefäß wird wie in Kapitel 1 aus Servietten hergestellt. So habe ich auch aus dem Servietten-Organza-Stoff ein Rechteck um ein Glas mit Teelicht gewickelt. Fixiert wird das Ganze von einem Schaschlikspieß, an dessen oberen Ende eine Perle über einer Schleife und einem Hagebuttenästchen thront. Rollen Sie ein Quadrat aus schönem

Bei diesem Blätterkranz entsteht Herbststimmung. Die aus Lichterkettenpapier geschnittenen Blätter (s. Vorlagen ab S. 140) leuchten im Fenster. Man klebt sie mit Blättern aus Buntpapier überlappend auf einen Ring aus Fensterfolie. Die gibt es im Bastelbedarf. Hagebutten, die mit der Heißklebepistole befestigt werden, bilden eine wunderbare Ergänzung in Form und Farbe.

Gips ist ein sehr facettenreiches Material. Sämtliche Formen kann man damit ausgießen oder es lassen sich Gipsbinden zu Ornamenten legen oder man kann ihn wie Sahne aus einem Spritzbeutel drücken. Lassen Sie sich auf den folgenden Seiten inspirieren und dann wählen Sie im Baumarkt lieber die größere Verpackungsform. Das Pulver wird mit Wasser angerührt. Richten Sie sich dabei nach der Packungsangabe und variieren Sie je nach dem, wofür der Gips verwendet werden soll. Allerdings sollte man immer nur so viel anrühren, wie man in 10 min verbraucht, da der gut zu verarbeitende Elektrikergips recht schnell trocknet. Vor dem erneuten Anrühren, die Werkzeuge mit Wasser und Seife säubern.

Der Gips für die Platten der Etagere wurde in Plastiktellern gegossen, die Zwischenstücke in Kunststoffbechern und der Sockel in einer -tasse. Nach dem Trocknen wird alles weiß glänzend lackiert. Mit Alleskleber werden die Teile zusammengesetzt.

Geben Sie eine Liebeserklärung auf 16 Gipsherzen. Sie werden in Eiswürfelbereitern gegossen, bemalt, mit Nägeln betupft und beschriftet. Nach dem Trocknen werden sie mit Alles- oder Heißkleber auf festen Karton geklebt und eingerahmt. Wer es lieber etwas puristischer mag, wählt die Variante ganz in Weiß mit dem einzelnen Herz. Dafür dient eine befüllbare Deko-Herz-Kugel, die man im Bastelbedarf kaufen kann.

Gips

Als Kind war ich im Sandkasten immer ein ganz großer Konditor. Die Kuchen wurden mit Blüten, Stöckchen und anderen Fundstücken verziert. Heute nehme ich statt Sand lieber Gips, das hält länger und die fertigen Törtchen können hervorragend als Kerzenständer eingesetzt werden. Dafür eignen sich außer den Sandkastenförmchen auch Pudding-

Gießformen lassen sich mit Knete auch selber herstellen. In diese werden nach leichtem Antrocknen des Gips Schaschlikspieße eingesteckt, an denen später ein Blättersegel Halt findet.

und Backformen. Verziert werden die gegossenen Rohlinge mit zähflüssig angerührtem Gipsguss oder Sahnehäubchen, die durch den Spritzbeutel gedrückt werden. Die Kerzen im großen Kuchen stecken in Geburtskerzenhaltern, deren Stiele abgeschnitten und mit Heißkleber befestigt wurden. Nach dem Anmalen kann man noch Holzperlen aufkleben.

Tolle Ornamente lassen sich aus kleingeschnittenen Gipsbinden kreieren. Dazu befeuchtet man die ca. 5- 10 cm langen Abschnitte, rollt sie zusammen und formt auf dem Topf Schlaufen und Kringel. Ein ganz besonderes Muster ergibt sich, wenn man etwas Gips in das Innere einer Zitronenpresse gießt. Die strahlenförmige Kuppe kann man auch mit gerollten Gipsschlangen und -kugeln verzieren.

Bei dieser Idee scheint es, als wäre der Raum um den Baum gebaut. Je nach Jahreszeit lässt sich dieser unterschiedlich dekorieren. Für den

Baumstamm dient als Untergestell eine Teppichrolle. Mit der Stichsäge wird Platz für die Äste geschaffen. Diese sind aus Hasendraht geformt, mit Zeitungspapier und angefeuchteten Gipsbinden umwickelt und nach der Fertigstellung von innen mittels durchgesteckter Holzstäbe fixiert. Zum Schluss überzieht man die Schnittstellen nochmals mit Gipsbinden.

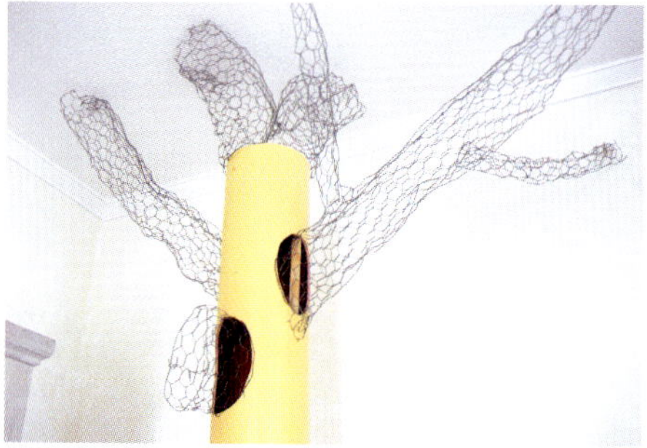

In diesen Beispielen werden Gipsbinden großflächig eingesetzt. Man taucht sie in Wasser, drückt sie leicht aus und modelliert sie auf Kaninchendraht, den man sich nach Belieben zurechtgebogen hat. Damit man nicht zu viele Gipsbinden braucht, um ein glattes Ergebnis zu erzielen, kann man Zeitungspapierstreifen unterlegen. Mit einem Acryllack werden die Pilzköpfe, die auf einen Rundstab mit Heißkleber fixiert sind, wetterfest.

Unter der Vase versteckt sich eine Weinflasche. Die Beschreibung des Ornamentes finden Sie eine Seite zuvor.

Da ich Federn mit besonderer Farbenpracht so faszinierend finde, habe ich mir ein spezielles Buch für gesammelte Federn gebastelt. Von außen ist es mit dem Raufasertapeten-Einband und einer weißen Feder ganz schlicht gehalten. Nur ein kleiner Schriftzug unter einem umspannten Hutgummi verrät den Inhalt. Auf den Seiten entfalten sich die kleinen Wunderwerke zwischen Ornamenten, die ich aus einem Vorlagenbuch nachzeichne. Selbstverständlich darf der Fundort und das entsprechende Datum nicht fehlen. Auf Mallorca fand ich in einem Naturpark sehr viele kleine Pfauenfedern, die ich auf einem Broschenrohling zu einer Siegerrosette kreisförmig aufgeklebt habe. In die Mitte wird ein Zierstein und darum zwei Kordel geklebt. Passt perfekt an meine Reitjacke!

Federn

Mit dunklen Vorhängen und Federn an allen Ecken und Enden verwandelt sich ein Zimmer in ein kleines Jägerstübchen. Man muss allerdings nicht selbst auf die Jagd gehen, sondern kann die Federn im Bastelladen erbeuten.
Für die Quasten benötigt man Holzkugeln (ø 23 mm), die auf eine Kordel gezogen werden. Der Knoten wird mit Kleber bestrichen und im breiten Loch der Kugel versenkt. Dann beklebt man sie spiralförmig mit Kordel, deren Enden ebenfalls im Inneren der Kugel fixiert werden. Zum Schluss werden die Federn eingeklebt.

Mit löslichem Sprühkleber kann man eine vorübergehende Wandborte im gleichen Stil erstellen. Zunächst werden Kordel mit Nadeln an der Wand befestigt. Ihre Enden umwickelt man mit Klebestreifen, damit sie nicht ausfransen. Dazwischen reihen sich die Pfauenfedern.

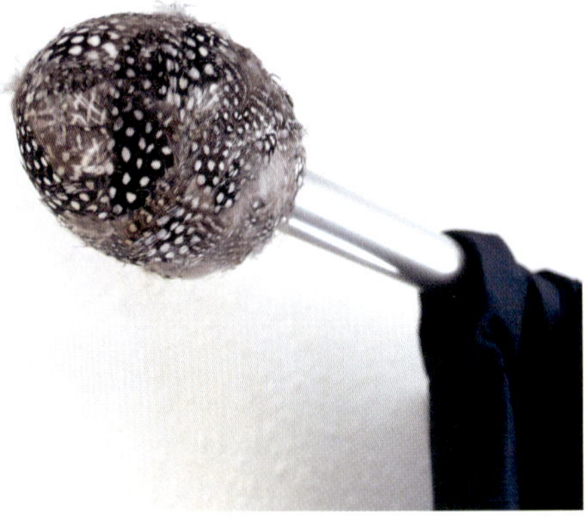

Die Knäufe der Gardinenstangen sind Styroporeier, die mit einem Loch versehen wurden und mit lösungsmittelfreiem Klebstoff ein Federkleid erhalten haben.
Auf das Kissen näht man die Federn mit zwei, drei Stichen.

Auf die Raffhalter der Gardinen werden Lage für Lage die Federn an ihren Kielen festgenäht.

Diese Dekokoffer für die Fensterbank lassen sich ganz leicht aus Kartons, karierten Stoffen und Samtbändern basteln. So werden die Kartons mit Stoff gleich einem Geschenk eingebunden. Zum Kleben kann man auch bei den Koffergurten und Griffen Alleskleber verwenden. Nur nicht zu dick auftragen, damit nichts durchdrückt. Die am Stiel aufgeklebten Federn geben den letzten Schliff.

Das ist die passende Tischdekoration zum Wildessen. Die Speisen des Menüs werden auf der mit Federn beklebten Karte vorgestellt. In dem Tischgesteck finden neben roten Rosen und Blättern auch Federn und Weintrauben ihren Platz. Dazu habe ich auf einen breiten Kerzenleuchter eine mit Steckmoos befüllte Schale gestellt. Die Stiele werden von schräg unten eingesteckt, damit sich eine überhängende Form ergibt.

Mit einigen gesammelten Hölzern lassen sich aparte Gesteckhalter zaubern. Circa zehn gleichlange und -dicke Stäbe werden im

oberen Drittel zusammen geschnürt und wie Mikadostäbchen aufgefächert. In die Öffnung legt man quer in die Zwischenräume einige Kiefernzweige, die dem ganzen noch etwas Halt verleihen. Die letzten Rosenblüten aus dem Garten werden in bewässerte Steckmooswürfel gesteckt und wie Christbaumkugeln in den Zweigen verteilt. Die seitlichen Kugeln fixiert man mit Heißkleber.

Hölzer

Mit einer Tischkreissäge habe ich viele Stöckchen zerkleinert. Sie hatten alle ungefähr den gleichen Durchmesser und dank einer Klebebandmarkierung an der Säge haben sie jetzt auch die gleiche Höhe. Der Würfel ist aus MDF-Platten gebaut und schwarz lackiert. Nach dem Trocknen werden die Scheiben mit Leim dicht an dicht an vier Seiten befestigt.

Ein stark verästelter Zweig bietet viel Platz für feine Schmuckstücke. Er wird in eine runde, mit passendem Loch versehene Holzplatte fest geleimt und mit Silberbronze bemalt. Damit diese nicht abfärbt, sollte alles mit Klarlack übersprüht werden.

Das kleine Tannenbäumchen ist aus verschieden langen Ästen zusammengesetzt. In der Mitte wird jeweils ein dünnes Loch gebohrt und dann wird das unterste Stück festgeknotet und die anderen werden aufgefädelt. Nach einem groben weißen Anstrich, besprüht man sie mit Sprühkleber und lässt etwas Kunstschnee darüberrieseln.

Noch einfacher entstehen die Sterne: Drei gleich lange Äste bindet man sternförmig zusammen. Sie werden unregelmäßig mit weißer Farbe bepinselt. Den aufhängenden Faden klebt man an einem der Stöckchen fest, damit der Stern nicht kippt.

Für diesen Tannenbaum werden die Ästchen mit Löchern versehen und der Länge nach aufgesteckt. Als Fuß sägt man einen Holzkreis aus, bohrt mittig ein Loch hinein und verleimt darin einen langen Schaschlik-Spieß. Nachdem der Sockel braun bemalt

wurde, werden die Hölzer aufgesteckt. Das letzte wird festgeklebt.

Die Trophäen des Jägers sind Geweihe, die gerne zur Schau gestellt werden. Im Gegensatz zu ihm erbeute ich nur kleine Zweige im Wald. Steckt man sie in zurechtgeschnittene Geweihschilder (s. Vorlagen ab Seite 140), sehen sie aber täuschend echt aus. Dazu bohrt man in das hellrosa lackierte Holzstück zwei schräge Löcher, worin die Äste verleimt werden. Zur Aufhängung wird von hinten ein Loch angebohrt oder ein Anhänger aufgeklebt.

Mit matt-transparenter Klebefolie kann man den Eindruck von aufwendigen Gravuren vortäuschen. Sie haben den Vorteil, dass man sie nach Belieben wieder entfernen kann. Am besten lässt sich eine Glasätzfolie verarbeiten. Man erhält sie bei Werbetechnik-Unternehmen, die auch Folien plotten.

Der Untergrund muss glatt, trocken, staub- und fettfrei sein. Beim Aufkleben stückweise arbeiten, Trägerpapier nach und nach abziehen und von der Mitte nach außen glattstreichen.

Den Rand des Herzchens habe ich mit einem Linoleum-Messer ausgestanzt. Dies beherzte Teelicht macht sich gut in einem Drahtkorb mit kleinen Kiefernzapfen und -zweigen, etwas Buchsbaum und Anissternen. Für die winterliche Optik sprüht man über das Körbchen etwas Sprühkleber und lässt anschließend noch Kunstschnee darüber rieseln.

Wenn der Schnee im Winter auf sich warten lässt, kann man etwas nachhelfen, indem man Eiskristalle aus Klebefolie ausschneidet und ins Fenster klebt. Mit kleinen Strasssteinen besetzt leuchten sie auch an dunklen Tagen.

Klebefolie

Einfachen Vasen und Trinkflaschen kann man mit der matt-transparenten Klebefolie eine ganz neue Optik verleihen. So habe ich aus der Folie Herzen an den Rand eines Glases geklebt oder eine Krone, die ich mit Strasssteinen verziert habe. Die großen Vasen ergänzen sich wie ein Positiv-Negativ-Bild: Zunächst legte ich die Folie um die Vase, um sie abzumessen. Dann habe ich die Folie passend zurecht geschnitten und von ihr den oberen Rand (ca. 6 cm) abgetrennt. Aus ihm stanzt man mit einem Stanzer kleine Lilien. Jeweils das Gegenstück wird auf die zweite Vase geklebt. Bei manchen Gläsern habe ich Ornamente oder Fantasieformen frei Hand ausgeschnitten und aufgeklebt. Probieren Sie aus, womit Sie am besten arbeiten können: Cutter, Schere oder Skalpell. Ich benutze am liebsten eine kleine Nagelhaut- oder Nagelschere.Ein Briefbeschwerer mit persönlichen Initialen ist ein tolles Geschenk. Hier muss man sehr fein arbeiten.

Das Motiv für den Schrank besteht aus einem größeren Mittelteil, die kleineren Blätter außen werden extra aufgeklebt. Als Orientierungshilfe können sie die Vorlage von innen gegen das Glas kleben. Kopieren Sie zunächst die Vorlage (s. Seite 143) auf die gewünschte Größe, kleben Sie diese am besten mit Sprühkleber auf die Schutzfolie und schneiden Sie alles gemeinsam aus.

Dieses herrliche Bastelmaterial haben viele zahlreich im Garten liegen oder es lässt sich mühelos im Wald oder in Parks finden.

Mit Perlen kann man aus den rustikalen Stücken edle Dekorationen zaubern. Sie werden mit Heißkleber in die Zwischenräume geklebt. In einem Körbchen sehen sie toll aus, wenn in der Mitte eine Kerze steht, hier in gleicher Form. Andere Zapfen sind mit feiner Kordel und Paketband umknotet.

Kiefernzapfen

Die mit Perlen bestückten Kiefernzapfen sehen auch sehr fein aus, wenn man sie einzeln auf schmale Blumentöpfe setzt. Dazu habe ich diese bis zum Rand mit Steckmoos gefüllt, einen Draht um Zapfen und Zweig mit Schleife gebunden und im Mosy fixiert. Den kleinen Stern habe ich zuletzt aufgeklebt.

Auch mit rot-braunem Kränzchen aus Nüssen, Kugeln und Äpfelchen kommt die Schönheit der Kiefernzapfen effektiv zur Geltung. Zur Befestigung am Zapfen verwendet man Heißkleber.

Dieser Kranz ist schnell gemacht: Große Zapfen werden auf einen ausgesägten Sperrholzring geklebt oder mit Draht gebunden. In die Zwischenräume steckt man verschiedene Zweige und klebt mit der Heißklebepistole kleine Christbaumkugeln hinein und bemooste Äste obenauf.

Um ein Windlicht gelegt ziert er unsere Eingangsveranda. Er ist auch ein prima Adventskranz, wenn man in die Mitte vier Kerzen stellt.

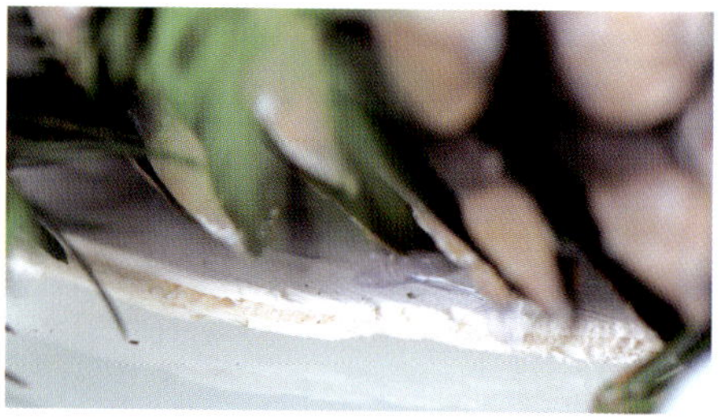

Viele kleinere Zapfen sitzen dicht an dicht auf einem Strohkegel und ergeben so ein kleines Bäumchen. Um den länglichen Strohkegel zu erstellen, bindet man Stroh mit Draht um einen Stock bis die gewünschte Form entstanden ist. Mit der Heißklebepistole werden die Zapfen aufgeklebt. Man beginnt mit der Spitze, die ein senkrecht stehender Zapfen bildet, und arbeitet sich Reihe für Reihe nach unten. Auf dem Bild finden sie in mit Steckmoos gefüllten Kannen Halt.

Wie man Motive auf Papier mit Blattmetall aufwerten kann, habe ich schon auf Seite 56 beschrieben. Diesmal verwende ich goldenes statt silbernes. Das macht sich hervorragend für die Weihnachtspost. Ob weißes, rotes oder gar Packpapier verwendet wird, spielt keine Rolle. Mit diesen vergoldeten Motiven entsteht auf alle Fälle eine exquisite Karte.

Vergolden

Wenn ein Ahorn seine Blätter verliert und nur noch die Früchte an den Ästen hängen, wirken sie wie schmückende Anhänger. Davon habe ich mich inspirieren lassen und die Fruchthülsen mit roter Acrylfarbe und Goldedding zum wohnzimmerreifen Tannenbaumschmuck verwandelt.

Ein Adventskalender ganz besonderer Art: Auf einem goldenen Teller mit einigen Kerzen liegen 24 Nüsse, auf die goldene Zahlen mit Edding aufgemalt wurden. Sie verraten, welche Nuss geknackt werden darf. Darin verbergen sich kleine Botschaften, Liebesbriefe, Gutscheine oder nette Verse. Dafür muss die Nuss ganz vorsichtig geöffnet werden. Den ersten Knacks gibt man mit dem Nussknacker, dann schiebt man ein Messer in den entstandenen Spalt und hebelt die beiden Hälften auseinander. Bei manchen Nusssorten geht das ganz leicht, bei anderen müssen Sie mit einem hohen Verschleißanteil rechnen.

Am Ende eines Jahres habe ich es mir zur Tradition gemacht, Fotos des vergangenen Jahres einzukleben. In diesem Jahr bekommt mein Album einen gebührenden Rahmen dafür. Das Motiv habe ich frei Hand mit Bleistift vorgezeichnet, mit der Anlegemich ausgemalt und nach 10 Minuten die goldenen Blätter darüber gelegt. Mit einem weichen Tuch wird alles glatt gestrichen und die überstehenden Ränder entfernt.

Im Bilderrahmen läuten die mit goldenem Blattmetall beklebten Holzglöckchen die Weihnachtszeit ein. Ein Wohlklang für die Augen...
(Anleitung siehe S. 139)

Etikett S. 124

Engelmotiv S. 132/133

Engelmotive S. 132/133

Blumenranke S. 125

Geweihschild S. 118

Schrank-Ornament S. 123

Danke

So vielen, die an diesem Buch direkt oder indirekt mitgewirkt haben, gehört mein Dank! Insbesondere möchte ich an dieser Stelle folgende Namen erwähnen: Herr Heidt (Chefredakteur „Lisa Wohnen und Dekorieren“), Elisabeth Mittelstädt (Chefredakteurin „Lydia“), Frau Herbst (Lifestyle by Busse und Seewald), Tirza (meine damalige Mitarbeiterin) und auch mein Mann Olaf, der das Buch gestaltet hat.

HERSTELLER UND BEZUGSQUELLEN

S. 18	Bilderrahmen für Paravent: Im Bilde, www.imbilde-rahmen.de
S. 34 ff.	Möbelknöpfe teilweise von www.knaeufe.de
S. 34/35	kleine Kommode und Hutbox: Ikea
S. 47	Schnellformmasse: Creaform von Artidee
S. 49/51	Schubladenelement: Ikea
S. 70/71	weißer Draht: Acufactum
S. 80/81	Borte am Spiegel: Acufactum
S. 84	Rahmen um Lichtschalter: Im Bilde
S. 82 ff.	Rahmen für Tablett, Windlicht, Schmuckkästchen und an der Box: Ikea
S. 90 ff.	Perlmuttmosaik: Glorex

HAFTUNGSAUSSCHLUSS